Unser Glaube und die Vernunft

Die Regensburger Rede –
eine Ermutigung für unseren Glauben

Papst Benedikt XVI.

Unser Glaube und die Vernunft

Die Regensburger Rede – eine Ermutigung für unseren Glauben

Kommentiert von Gerhard Kardinal Müller

benno

Bibliografische Information der Deutschen Nationalbibliothek
Die Deutsche Nationalbibliothek verzeichnet diese Publikation in der Deutschen Nationalbibliografie; detaillierte bibliografische Informationen sind im Internet über http://dnb.d-nb.de abrufbar.

ISBN 978-3-7462-4900-1

Umschlaggestaltung: Ulrike Vetter, Leipzig
Gesamtherstellung: Kontext, Lemsel (A)

IM GLAUBEN DER VERNUNFT FOLGEN

Die Vorlesung von Papst Benedikt XVI. zum Thema „Glaube, Vernunft und Universität“ [1] im Auditorium Maximum der Regensburger Universität am 12. September 2006 war ein Diskurs von prophetischer Kraft und Wahrheit.
Dieser Einsicht kann nur sich verschließen, wer die dramatisch zugespitzte Situation der Welt von heute verkennt. Papst Franziskus sagt oft, dass wir uns schon wie in einem 3. Weltkrieg befinden. Denken wir nur im globalen Zusammenhang an die Bürgerkriege, den Zusammenbruch der Rechtsordnung in vielen Staaten, die Massenflucht und Migration von Millionen, Hunger und Armut bei der Hälfte der Menschheit, den weltweit agierenden Terrorismus in kriminellen Banden und Staaten und das organisierte Verbrechen, die instabilen politischen Verhältnisse in klassischen Demokratien.

Gerhard Kardinal Müller

Papst Benedikt XVI.

GLAUBE, VERNUNFT UND UNIVERSITÄT. ERINNERUNGEN UND REFLEXIONEN.

Es ist für mich ein bewegender Augenblick, noch einmal in der Universität zu sein und noch einmal eine Vorlesung halten zu dürfen. Meine Gedanken gehen dabei zurück in die Jahre, in denen ich an der Universität Bonn nach einer schönen Periode an der Freisinger Hochschule meine Tätigkeit als akademischer Lehrer aufgenommen habe. Es war – 1959 – noch die Zeit der alten Ordinarien-Universität. Für die einzelnen Lehrstühle gab es weder Assistenten noch Schreibkräfte, dafür aber gab es eine sehr unmittelbare Begegnung mit den Studenten und vor allem auch der Professoren untereinander. In den Dozentenräumen traf man sich vor und nach den Vorlesungen. Die Kontakte mit den Historikern, den Philosophen, den Philologen und natürlich auch zwischen beiden Theologischen Fakultäten waren sehr lebendig. Es gab jedes Semester einen sogenannten Dies academicus, an dem sich Professoren aller Fakultäten den Studenten der gesamten Universität vorstellten und so ein Erleben von Universitas möglich wurde – auf das Sie, Magnifizenz, auch gerade hingewiesen haben –, die Erfahrung nämlich, dass wir in allen Spezialisierungen, die uns manchmal sprachlos füreinander machen, doch ein Ganzes bilden und im Ganzen der einen Vernunft mit all ihren Dimensionen arbeiten und so auch in einer gemeinschaftlichen Verantwortung für den rechten Gebrauch der Vernunft stehen – das wurde erlebbar. Die Universität war auch durchaus stolz auf ihre beiden Theologischen Fakultäten. Es war klar, dass auch sie, indem sie nach der Vernunft des Glaubens fragen, eine Arbeit tun, die notwendig zum Ganzen der Universitas scientiarum gehört, auch wenn nicht alle den Glauben teilen konnten, um dessen Zuordnung zur gemeinsamen Vernunft sich die Theologen mühen. Dieser innere Zusammenhalt im Kosmos der Vernunft wurde auch nicht gestört, als einmal verlautete, einer der Kollegen habe geäußert, an unserer Universität gebe es etwas Merkwürdiges: zwei

Fakultäten, die sich mit etwas befassten, was es gar nicht gebe – mit Gott. Dass es auch solch radikaler Skepsis gegenüber notwendig und vernünftig bleibt, mit der Vernunft nach Gott zu fragen und es im Zusammenhang der Überlieferung des christlichen Glaubens zu tun, war im Ganzen der Universität unbestritten.

All dies ist mir wieder in den Sinn gekommen, als ich kürzlich den von Professor Theodore Khoury (Münster) herausgegebenen Teil des Dialogs las, den der gelehrte byzantinische Kaiser Manuel II. Palaeologos wohl 1391 im Winterlager zu Ankara mit einem gebildeten Perser über Christentum und Islam und beider Wahrheit führte [2]. Der Kaiser hat vermutlich während der Belagerung von Konstantinopel zwischen 1394 und 1402 den Dialog aufgezeichnet; so versteht man auch, dass seine eigenen Ausführungen sehr viel ausführlicher wiedergegeben sind, als die seines persischen Gesprächspartners [3]. Der Dialog erstreckt sich über den ganzen Bereich des von Bibel und Koran umschriebenen Glaubensgefüges und kreist besonders um das Gottes- und das Menschenbild, aber auch immer wieder notwendigerweise um das Verhältnis der, wie man sagte, „drei Gesetze" oder

Der Dialog kreist besonders um
das Gottes- und Menschenbild,
aber auch immer wieder
um das Verhältnis der
„drei Lebensordnungen“:
Altes Testament –
Neues Testament –
Koran.

„drei Lebensordnungen“: Altes Testament – Neues Testament – Koran. Jetzt, in dieser Vorlesung, möchte ich darüber nicht handeln, nur einen – im Aufbau des ganzen Dialogs eher marginalen – Punkt berühren, der mich im Zusammenhang des Themas Glaube und Vernunft fasziniert hat und der mir als Ausgangspunkt für meine Überlegungen zu diesem Thema dient.

In der von Professor Khoury herausgegebenen siebten Gesprächsrunde (διάλεξις – Kontroverse) kommt der Kaiser auf das Thema des Dschihad, des Heiligen Krieges zu sprechen.

Der Kaiser wusste sicher, dass in Sure 2, 256 steht: Kein Zwang in Glaubenssachen – es ist wohl eine der frühen Suren aus der Zeit, wie uns ein Teil der Kenner sagt, in der Mohammed selbst noch machtlos und bedroht war. Aber der Kaiser kannte natürlich auch die im Koran niedergelegten – später entstandenen – Bestimmungen über den Heiligen Krieg. Ohne sich auf Einzelheiten wie die unterschiedliche Behandlung von „Schriftbesitzern“ und „Ungläubigen“ einzulassen, wendet er sich in erstaunlich schroffer, für uns unannehmbar schroffer Form ganz einfach mit der zentralen Frage nach dem Verhältnis von Religion und

Gewalt überhaupt an seinen Gesprächspartner. Er sagt: „Zeig mir doch, was Mohammed Neues gebracht hat, und da wirst du nur Schlechtes und Inhumanes finden wie dies, dass er vorgeschrieben hat, den Glauben, den er predigte, durch das Schwert zu verbreiten“ [4]. Der Kaiser begründet, nachdem er so zugeschlagen hat, dann eingehend, warum Glaubensverbreitung durch Gewalt widersinnig ist. Sie steht im Widerspruch zum Wesen Gottes und zum Wesen der Seele. „Gott hat kein Gefallen am Blut”, sagt er, „und nicht vernunftgemäß, nicht ‚σὺν λόγω‘ zu handeln, ist dem Wesen Gottes zuwider. Der Glaube ist Frucht der Seele, nicht des Körpers. Wer also jemanden zum Glauben führen will, braucht die Fähigkeit zur guten Rede und ein rechtes Denken, nicht aber Gewalt und Drohung …
Um eine vernünftige Seele zu überzeugen, braucht man nicht seinen Arm, nicht Schlagwerkzeuge noch sonst eines der Mittel, durch die man jemanden mit dem Tod bedrohen kann …“ [5].
Der entscheidende Satz in dieser Argumentation gegen Bekehrung durch Gewalt lautet: Nicht vernunftgemäß handeln ist dem Wesen Gottes zuwider [6]. Der Herausgeber, Theodore Khoury,

kommentiert dazu: Für den Kaiser als einen in griechischer Philosophie aufgewachsenen Byzantiner ist dieser Satz evident. Für die moslemische Lehre hingegen ist Gott absolut transzendent. Sein Wille ist an keine unserer Kategorien gebunden und sei es die der Vernünftigkeit [7]. Khoury zitiert dazu eine Arbeit des bekannten französischen Islamologen R. Arnaldez, der darauf hinweist, dass Ibn Hazm so weit gehe zu erklären, dass Gott auch nicht durch sein eigenes Wort gehalten sei und dass nichts ihn dazu verpflichte, uns die Wahrheit zu offenbaren. Wenn er es wollte, müsse der Mensch auch Götzendienst treiben [8].

An dieser Stelle tut sich ein Scheideweg im Verständnis Gottes und so in der konkreten Verwirklichung von Religion auf, der uns heute ganz unmittelbar herausfordert. Ist es nur Griechisch zu glauben, dass vernunftwidrig zu handeln dem Wesen Gottes zuwider ist, oder gilt das immer und in sich selbst? Ich denke, dass an dieser Stelle der tiefe Einklang zwischen dem, was im besten Sinn Griechisch ist, und dem auf der Bibel gründenden Gottesglauben sichtbar wird. Den ersten Vers der Genesis, den ersten Vers der Heiligen Schrift überhaupt abwandelnd, hat Johannes

Für die moslemische Lehre
ist Gott absolut transzendent.
Sein Wille ist an keine unserer
Kategorien gebunden und sei es
die der Vernünftigkeit.

den Prolog seines Evangeliums mit dem Wort eröffnet: Im Anfang war der Logos. Dies ist genau das Wort, das der Kaiser gebraucht: Gott handelt „σὺν λόγω", mit Logos. Logos ist Vernunft und Wort zugleich – eine Vernunft, die schöpferisch ist und sich mitteilen kann, aber eben als Vernunft. Johannes hat uns damit das abschließende Wort des biblischen Gottesbegriffs geschenkt, in dem alle die oft mühsamen und verschlungenen Wege des biblischen Glaubens an ihr Ziel kommen und ihre Synthese finden. Im Anfang war der Logos, und der Logos ist Gott, so sagt uns der Evangelist. Das Zusammentreffen der biblischen Botschaft und des griechischen Denkens war kein Zufall. Die Vision des heiligen Paulus, dem sich die Wege in Asien verschlossen und der nächtens in einem Gesicht einen Mazedonier sah und ihn rufen hörte: Komm herüber und hilf uns (Apg 16,6–10) – diese Vision darf als Verdichtung des von innen her nötigen Aufeinanderzugehens zwischen biblischem Glauben und griechischem Fragen gedeutet werden.

Dabei war dieses Zugehen längst im Gang. Schon der geheimnisvolle Gottesname vom brennenden Dornbusch, der diesen Gott aus den Göttern mit

*„Im Anfang war das Wort,
und das Wort war bei Gott,
und das Wort war Gott.
Im Anfang war es bei Gott.
Alles ist durch das Wort
geworden und ohne das Wort
wurde nichts, was geworden ist.
In ihm war das Leben
und das Leben war das Licht
der Menschen."*

(Joh 1,1-4)

den vielen Namen herausnimmt und von ihm einfach das „Ich bin“, das Dasein aussagt, ist eine Bestreitung des Mythos, zu der der sokratische Versuch, den Mythos zu überwinden und zu übersteigen, in einer inneren Analogie steht [9]. Der am Dornbusch begonnene Prozess kommt im Innern des Alten Testaments zu einer neuen Reife während des Exils, wo nun der landlos und kultlos gewordene Gott Israels sich als den Gott des Himmels und der Erde verkündet und sich mit einer einfachen, das Dornbusch-Wort weiterführenden Formel vorstellt: „Ich bin's.“ Mit diesem neuen Erkennen Gottes geht eine Art von Aufklärung Hand in Hand, die sich im Spott über die Götter drastisch ausdrückt, die nur Machwerke der Menschen seien (vgl. Ps 115). So geht der biblische Glaube in der hellenistischen Epoche bei aller Schärfe des Gegensatzes zu den hellenistischen Herrschern, die die Angleichung an die griechische Lebensweise und ihren Götterkult erzwingen wollten, dem Besten des griechischen Denkens von innen her entgegen zu einer gegenseitigen Berührung, wie sie sich dann besonders in der späten Weisheits-Literatur vollzogen hat. Heute wissen wir, dass die in Alexandrien entstandene griechische Übersetzung des Alten Testaments – die Septuaginta – mehr als eine bloße (vielleicht sogar wenig positiv zu beurteilende) Übersetzung des hebräischen Textes, nämlich ein selbstständiger Textzeuge und ein eigener wichtiger Schritt der Offenbarungsgeschichte ist, in dem sich diese Begegnung auf eine Weise realisiert hat, die für die Entstehung des Christentums und seine Verbreitung entscheidende Bedeutung gewann [10]. Zutiefst geht es dabei um die Begegnung zwischen Glaube und Vernunft, zwischen rechter Aufklärung und Religion. Manuel II. hat wirklich aus dem inneren Wesen des christlichen Glaubens heraus und zugleich aus dem Wesen des Griechischen, das sich mit dem Glauben verschmolzen hatte, sagen können: Nicht „mit dem Logos" handeln, ist dem Wesen Gottes zuwider.

Hier ist der Redlichkeit halber anzumerken, dass sich im Spätmittelalter Tendenzen der Theologie entwickelt haben, die diese Synthese von Griechischem und Christlichem aufsprengen. Gegenüber dem sogenannten augustinischen und thomistischen Intellektualismus beginnt bei Duns Scotus eine Position des Voluntarismus, die schließlich in den weiteren Entwicklungen dahin führte zu sagen,

Der kirchliche Glaube hat immer daran festgehalten, dass es zwischen Gott und uns, zwischen seinem ewigen Schöpfergeist und unserer geschaffenen Vernunft eine wirkliche Analogie gibt.

wir kennten von Gott nur seine Voluntas ordinata. Jenseits davon gebe es die Freiheit Gottes, kraft derer er auch das Gegenteil von allem, was er getan hat, hätte machen und tun können. Hier zeichnen sich Positionen ab, die denen von Ibn Hazm durchaus nahekommen können und auf das Bild eines Willkür-Gottes zulaufen könnten, der auch nicht an die Wahrheit und an das Gute gebunden ist. Die Transzendenz und die Andersheit Gottes werden so weit übersteigert, dass auch unsere Vernunft, unser Sinn für das Wahre und Gute kein wirklicher Spiegel Gottes mehr sind, dessen abgründige Möglichkeiten hinter seinen tatsächlichen Entscheiden für uns ewig unzugänglich und verborgen bleiben. Demgegenüber hat der kirchliche Glaube immer daran festgehalten, dass es zwischen Gott und uns, zwischen seinem ewigen Schöpfergeist und unserer geschaffenen Vernunft eine wirkliche Analogie gibt, in der zwar – wie das Vierte Laterankonzil 1215 sagt – die Unähnlichkeiten unendlich größer sind als die Ähnlichkeiten, aber eben doch die Analogie und ihre Sprache nicht aufgehoben werden. Gott wird nicht göttlicher dadurch, dass wir ihn in einen reinen und undurchschaubaren Voluntarismus entrücken, sondern der wahrhaft göttliche

Gott ist der Gott, der sich als Logos gezeigt und als Logos liebend für uns gehandelt hat. Gewiss, die Liebe „übersteigt“, wie Paulus sagt, die Erkenntnis und vermag daher mehr wahrzunehmen als das bloße Denken (vgl. Eph 3,19), aber sie bleibt doch Liebe des Gottes-Logos, weshalb christlicher Gottesdienst, wie noch einmal Paulus sagt, „λογικη-»±τϱεία“ ist – Gottesdienst, der im Einklang mit dem ewigen Wort und mit unserer Vernunft steht (vgl. Röm 12,1) [11].

Dieses hier angedeutete innere Zugehen aufeinander, das sich zwischen biblischem Glauben und griechischem philosophischem Fragen vollzogen hat, ist ein nicht nur religionsgeschichtlich, sondern weltgeschichtlich entscheidender Vorgang, der uns auch heute in die Pflicht nimmt.

Wenn man diese Begegnung sieht, ist es nicht verwunderlich, dass das Christentum trotz seines Ursprungs und wichtiger Entfaltungen im Orient schließlich seine geschichtlich entscheidende Prägung in Europa gefunden hat. Wir können auch umgekehrt sagen: Diese Begegnung, zu der dann noch das Erbe Roms hinzutritt, hat Europa geschaffen und bleibt die Grundlage dessen, was man mit Recht Europa nennen kann.

Der wahrhaft göttliche Gott,
ist der Gott,
der sich als Logos gezeigt
und als Logos liebend
für uns gehandelt hat.

Der These, dass das kritisch gereinigte griechische Erbe wesentlich zum christlichen Glauben gehört, steht die Forderung nach der Enthellenisierung des Christentums entgegen, die seit dem Beginn der Neuzeit wachsend das theologische Ringen beherrscht. Wenn man näher zusieht, kann man drei Wellen des Enthellenisierungsprogramms beobachten, die zwar miteinander verbunden, aber in ihren Begründungen und Zielen doch deutlich voneinander verschieden sind [12].

Die Enthellenisierung erscheint zuerst mit den Anliegen der Reformation des 16. Jahrhunderts verknüpft. Die Reformatoren sahen sich angesichts der theologischen Schultradition einer ganz von der Philosophie her bestimmten Systematisierung des Glaubens gegenüber, sozusagen einer Fremdbestimmung des Glaubens durch ein nicht aus ihm kommendes Denken. Der Glaube erschien dabei nicht mehr als lebendiges geschichtliches Wort, sondern eingehaust in ein philosophisches System. Das Sola Scriptura sucht demgegenüber die reine Urgestalt des Glaubens, wie er im biblischen Wort ursprünglich da ist. Metaphysik erscheint als eine Vorgabe von anderswoher, von der man den Glauben befreien muss, damit er ganz wieder er selber sein könne. In einer für die Reformatoren nicht vorhersehbaren Radikalität hat Kant mit seiner Aussage, er habe das Denken beiseiteschaffen müssen, um dem Glauben Platz zu machen, aus diesem Programm heraus gehandelt. Er hat dabei den Glauben ausschließlich in der praktischen Vernunft verankert und ihm den Zugang zum Ganzen der Wirklichkeit abgesprochen.

Die liberale Theologie des 19. und 20. Jahrhunderts brachte eine zweite Welle im Programm der Enthellenisierung mit sich, für die Adolf von Harnack als herausragender Repräsentant steht. In der Zeit, als ich studierte, wie in den frühen Jahren meines akademischen Wirkens war dieses Programm auch in der katholischen Theologie kräftig am Werk. Pascals Unterscheidung zwischen dem Gott der Philosophen und dem Gott Abrahams, Isaaks und Jakobs diente als Ausgangspunkt dafür. In meiner Bonner Antrittsvorlesung von 1959 habe ich mich damit auseinanderzusetzen versucht [13], und möchte dies alles hier nicht neu aufnehmen. Wohl aber möchte ich wenigstens in aller Kürze versuchen, das unterscheidend Neue dieser zweiten Enthellenisierungswelle gegenüber der ersten herauszustellen. Als Kerngedanke erscheint bei Harnack die Rückkehr zum einfachen Menschen Jesus und zu seiner einfachen Botschaft, die allen Theologisierungen und eben auch Hellenisierungen vorausliege: Diese einfache Botschaft stelle die wirkliche Höhe der religiösen Entwicklung der Menschheit dar. Jesus habe den Kult zugunsten der Moral verabschiedet. Er wird im Letzten als Vater einer menschenfreundlichen moralischen Botschaft dargestellt. Dabei geht es Harnack im Grunde darum, das Christentum wieder mit der modernen Vernunft in Einklang zu bringen, eben indem man es von scheinbar philosophischen und theologischen Elementen wie etwa dem Glauben an die Gottheit Christi und die Dreieinheit Gottes befreie. Insofern ordnet die historisch-kritische Auslegung des Neuen Testaments, wie er sie sah, die Theologie wieder neu in den Kosmos der Universität ein: Theologie ist für Harnack wesentlich historisch und so streng wissenschaftlich. Was sie auf dem Weg der Kritik über Jesus ermittelt, ist sozusagen Ausdruck der praktischen Vernunft und damit auch im Ganzen der Universität vertretbar. Im Hintergrund steht die neuzeitliche Selbstbeschränkung der Vernunft, wie sie in Kants Kritiken klassischen Ausdruck gefunden hatte, inzwischen aber vom naturwissenschaftlichen Denken weiter radikalisiert wurde. Diese moderne Auffassung der Vernunft beruht auf einer durch den technischen Erfolg bestätigten Synthese zwischen Platonismus (Cartesianismus) und Empirismus, um es verkürzt zu sagen.

Auf der einen Seite wird die mathematische Struktur der Materie, sozusagen ihre innere Rationalität vorausgesetzt, die es möglich macht, sie in ihrer Wirkform zu verstehen und zu gebrauchen: Diese Grundvoraussetzung ist sozusagen das platonische Element im modernen Naturverständnis. Auf der anderen Seite geht es um die Funktionalisierbarkeit der Natur für unsere Zwecke, wobei die Möglichkeit der Verifizierung oder Falsifizierung im Experiment erst die entscheidende Gewissheit liefert. Das Gewicht zwischen den beiden Polen kann je nachdem mehr auf der einen oder der anderen Seite liegen. Ein so streng positivistischer Denker wie J. Monod hat sich als überzeugten Platoniker bezeichnet.

Dies bringt zwei für unsere Frage entscheidende Grundorientierungen mit sich. Nur die im Zusammenspiel von Mathematik und Empirie sich ergebende Form von Gewissheit gestattet es, von Wissenschaftlichkeit zu sprechen. Was Wissenschaft sein will, muss sich diesem Maßstab stellen. So versuchten dann auch die auf die menschlichen Dinge bezogenen Wissenschaften wie Geschichte, Psychologie, Soziologie, Philosophie, sich diesem Kanon von Wissenschaftlichkeit anzunähern. Wichtig für unsere Überlegungen ist aber noch, dass die Methode als solche die Gottesfrage ausschließt und sie als unwissenschaftliche oder vorwissenschaftliche Frage erscheinen lässt. Damit aber stehen wir vor einer Verkürzung des Radius von Wissenschaft und Vernunft, die infrage gestellt werden muss.

Darauf werde ich zurückkommen. Einstweilen bleibt festzustellen, dass bei einem von dieser Sichtweise her bestimmten Versuch, Theologie „wissenschaftlich" zu erhalten, vom Christentum nur ein armseliges Fragmentstück übrig bleibt. Aber wir müssen mehr sagen: Wenn dies allein die ganze Wissenschaft ist, dann wird der Mensch selbst dabei verkürzt. Denn die eigentlich menschlichen Fragen, die nach unserem Woher und Wohin, die Fragen der Religion und des Ethos können

Bei einem Versuch, Theologie „wissenschaftlich" zu erhalten, bleibt vom Christentum nur ein armseliges Fragmentstück übrig. Aber wir müssen mehr sagen: Wenn dies allein die ganze Wissenschaft ist, dann wird der Mensch selbst dabei verkürzt.

dann nicht im Raum der gemeinsamen, von der so verstandenen „Wissenschaft" umschriebenen Vernunft Platz finden und müssen ins Subjektive verlegt werden. Das Subjekt entscheidet mit seinen Erfahrungen, was ihm religiös tragbar erscheint, und das subjektive „Gewissen" wird zur letztlich einzigen ethischen Instanz. So aber verlieren Ethos und Religion ihre gemeinschaftsbildende Kraft und verfallen der Beliebigkeit. Dieser Zustand ist für die Menschheit gefährlich: Wir sehen es an den uns bedrohenden Pathologien der Religion und der Vernunft, die notwendig ausbrechen müssen, wo die Vernunft so verengt wird, dass ihr die Fragen der Religion und des Ethos nicht mehr zugehören. Was an ethischen Versuchen von den Regeln der Evolution oder von Psychologie und Soziologie her bleibt, reicht einfach nicht aus.

Bevor ich zu den Schlussfolgerungen komme, auf die ich mit alledem hinaus will, muss ich noch kurz die dritte Enthellenisierungswelle andeuten, die zurzeit umgeht. Angesichts der Begegnung mit der Vielheit der Kulturen sagt man heute gern, die Synthese mit dem Griechentum, die sich in der alten Kirche vollzogen habe, sei eine erste Inkulturation des Christlichen gewesen, auf die man die anderen Kulturen nicht festlegen dürfe. Ihr Recht müsse es sein, hinter diese Inkulturation zurückzugehen auf die einfache Botschaft des Neuen Testaments, um sie in ihren Räumen jeweils neu zu inkulturieren. Diese These ist nicht einfach falsch, aber doch vergröbert und ungenau. Denn das Neue Testament ist griechisch geschrieben und trägt in sich selber die Berührung mit dem griechischen Geist, die in der vorangegangenen Entwicklung des Alten Testaments gereift war. Gewiss gibt es Schichten im Werdeprozess der alten Kirche, die nicht in alle Kulturen eingehen müssen. Aber die Grundentscheidungen, die eben den Zusammenhang des Glaubens mit dem Suchen der menschlichen Vernunft betreffen, die gehören zu diesem Glauben selbst und sind seine ihm gemäße Entfaltung.

Damit komme ich zum Schluss. Die eben in ganz groben Zügen versuchte Selbstkritik der modernen Vernunft schließt ganz und gar nicht die Auffassung ein, man müsse nun wieder hinter die Aufklärung zurückgehen und die Einsichten der Moderne verabschieden. Das Große der modernen Geistesentwicklung wird ungeschmälert anerkannt:

Wir alle sind dankbar für die großen Möglichkeiten, die sie dem Menschen erschlossen hat und für die Fortschritte an Menschlichkeit, die uns geschenkt wurden. Das Ethos der Wissenschaftlichkeit ist im Übrigen Wille zum Gehorsam gegenüber der Wahrheit und insofern Ausdruck einer Grundhaltung, die zu den wesentlichen Entscheiden des Christlichen gehört. Nicht Rücknahme, nicht negative Kritik ist gemeint, sondern um Ausweitung unseres Vernunftbegriffs und -gebrauchs geht es. Denn bei aller Freude über die neuen Möglichkeiten des Menschen sehen wir auch die Bedrohungen, die aus diesen Möglichkeiten aufsteigen, und müssen uns fragen, wie wir ihrer Herr werden können. Wir können es nur, wenn Vernunft und Glaube auf neue Weise zueinanderfinden; wenn wir die selbst verfügte Beschränkung der Vernunft auf das im Experiment Falsifizierbare überwinden und der Vernunft ihre ganze Weite wieder eröffnen. In diesem Sinn gehört Theologie nicht nur als historische und humanwissenschaftliche Disziplin, sondern als eigentliche Theologie, als Frage nach der Vernunft des Glaubens an die Universität und in ihren weiten Dialog der Wissenschaften hinein. Nur so werden wir auch zum wirklichen Dialog

Der Bedrohungen können wir nur Herr werden, wenn Vernunft und Glaube auf neue Weise zueinanderfinden; wenn wir der Vernunft ihre ganze Weite wieder eröffnen.

der Kulturen und Religionen fähig, dessen wir so dringend bedürfen. In der westlichen Welt herrscht weithin die Meinung, allein die positivistische Vernunft und die ihr zugehörigen Formen der Philosophie seien universal. Aber von den tief religiösen Kulturen der Welt wird gerade dieser Ausschluss des Göttlichen aus der Universalität der Vernunft als Verstoß gegen ihre innersten Überzeugungen angesehen. Eine Vernunft, die dem Göttlichen gegenüber taub ist und Religion in den Bereich der Subkulturen abdrängt, ist unfähig zum Dialog der Kulturen. Dabei trägt, wie ich zu zeigen versuchte, die moderne naturwissenschaftliche Vernunft mit dem ihr innewohnenden platonischen Element eine Frage in sich, die über sie und ihre methodischen Möglichkeiten hinausweist. Sie selber muss die rationale Struktur der Materie wie die Korrespondenz zwischen unserem Geist und den in der Natur waltenden rationalen Strukturen ganz einfach als Gegebenheit annehmen, auf der ihr methodischer Weg beruht. Aber die Frage, warum dies so ist, die besteht doch und muss von der Naturwissenschaft weitergegeben werden an andere Ebenen und Weisen des Denkens – an Philosophie und Theo-

Eine Vernunft, die dem Göttlichen gegenüber taub ist und Religion in den Bereich der Subkulturen abdrängt, ist unfähig zum Dialog der Kulturen.

logie. Für die Philosophie und in anderer Weise für die Theologie ist das Hören auf die großen Erfahrungen und Einsichten der religiösen Traditionen der Menschheit, besonders aber des christlichen Glaubens, eine Erkenntnisquelle, der sich zu verweigern eine unzulässige Verengung unseres Hörens und Antwortens wäre. Mir kommt da ein Wort des Sokrates an Phaidon in den Sinn.
In den vorangehenden Gesprächen hatte man viele falsche philosophische Meinungen berührt, und nun sagt Sokrates: Es wäre wohl zu verstehen, wenn einer aus Ärger über so viel Falsches sein übriges Leben lang alle Reden über das Sein hasste und schmähte. Aber auf diese Weise würde er der Wahrheit des Seienden verlustig gehen und einen sehr großen Schaden erleiden [14]. Der Westen ist seit Langem von dieser Abneigung gegen die grundlegenden Fragen seiner Vernunft bedroht und könnte damit einen großen Schaden erleiden. Mut zur Weite der Vernunft, nicht Absage an ihre Größe – das ist das Programm, mit dem eine dem biblischen Glauben verpflichtete Theologie in den Disput der Gegenwart eintritt. „Nicht vernunftgemäß, nicht mit dem Logos handeln ist dem Wesen Gottes zuwider", hat Manuel II. von

seinem christlichen Gottesbild her zu seinem persischen Gesprächspartner gesagt. In diesen großen Logos, in diese Weite der Vernunft laden wir beim Dialog der Kulturen unsere Gesprächspartner ein. Sie selber immer wieder zu finden, ist die große Aufgabe der Universität.

Gerhard Kardinal Müller

DIE VORLESUNG VON PAPST BENEDIKT ZEHN JAHRE DANACH

Auch in unserer fortschrittlichen Zivilisation, auf die wir in Mitteleuropa so stolz sind, springt die Krise der Moderne und Postmoderne jedem Sehenden in die Augen [15]. Die Auflösung des gesellschaftlichen Zusammenhalts, die gewollte De-Christianisierung Europas, der Verlust einer verbindenden Idee vom Ziel und Sinn des Menschseins, das Pochen auf dem eigenen Recht statt der Einordnung des individuellen und kollektiven Ego in das Gemeinwohl der Familie, der Nation und der Völkergemeinschaft sind apokalyptische Warnzeichen.
Nur der Dünkel der westlichen Überlegenheit ist noch vital. Soll unser Säkularismus und Materialismus, wie zur Zeit des Kolonialismus, als Heilmittel dem – wie wir meinen – zurückgebliebenen Osten und Süden aufgezwungen werden?

Oder wollen wir in einen ehrlichen Austausch mit allen Kulturen eintreten in Ehrfurcht und Respekt voreinander? Wenn die westliche Welt ihre Entfremdung von Gott und den moralischen Relativismus allen anderen Kulturen aufzwingen will, spielt man nur den Extremisten in die Hände.
Mit militärischen und ökonomischen Mitteln allein können sie nicht bezwungen werden. Die gewalttätigen Reaktionen, angefangen von Afghanistan bis zum Irak und Syrien usw. sind schließlich der Beweis für den missglückten und verweigerten Dialog von Gleich zu Gleich.
Viele sehen nur vordergründig den Kampf um die Ressourcen und die Macht. Entscheidend ist jedoch der Kampf um die Seele des Menschen. Nur wenn wir im Herzen und Gewissen wieder entdecken, dass wir alle von einem Vater im Himmel abstammen und dass wir folglich untereinander Brüder und Schwestern sind, wird Friede sein.
Das Ziel der Regensburger Vorlesung war es, zu diesem lebens-notwendigen Dialog einzuladen. Benedikt XVI. sagte wörtlich: „In der westlichen Welt herrscht weithin die Meinung, allein die positivistische Vernunft und die ihr zugehörigen Formen der Philosophie seien universal. Aber von

den tief religiösen Kulturen der Welt" – zu denen er den religiösen, aber nicht den politischen Islam zählt, was manche überhört hatten – „wird gerade der Ausschluss des Göttlichen aus der Universalität der Vernunft als Verstoß gegen ihre innersten Überzeugungen angesehen. Eine Vernunft, die dem Göttlichen gegenüber taub ist und Religion in den Bereich der Subkulturen abdrängt, ist unfähig zum Dialog ... Für die Philosophie und in anderer Weise für die Theologie ist das Hören auf die großen Erfahrungen und Einsichten der religiösen Traditionen der Menschheit, besonders aber des christlichen Glaubens, eine Erkenntnisquelle, der sich zu verweigern eine unzulässige Verengung unseres Hörens und Antwortens wäre –Mut zur Weite der Vernunft, nicht Absage an ihre Größe – das ist das Programm, mit dem eine dem biblischen Glauben verpflichtete Theologie in den Disput der Gegenwart eintritt. ‚Nicht vernunftgemäß, nicht mit dem Logos handeln ist dem Wesen Gottes zuwider', hat Manuel II. von seinem christlichen Gottesbild her zu seinem persischen Gesprächspartner gesagt. In diesen großen Logos, in diese Weite der Vernunft laden wir beim Dialog der Kulturen unsere Gesprächspartner ein. Sie selber immer wieder zu finden, ist die große Aufgabe der Universität" [16].

Das literarische Genus eines *wissenschaftlichen* Vortrags eines Papstes war im Rahmen der *universitas scientiarum* keineswegs fehl am Platz, wie von manchen Rationalisten und Diplomaten eingewandt wurde.

Die „Rationalisten" wussten es besser und meinten: Der exklusiv an den Methoden der empirischen Wissenschaften orientierte Begriff von Vernunft stellt einen nicht überbrückbaren Gegensatz zwischen Glauben und moderner Wissenschaft fest. Als wissenschaftlich widerlegte Bewusstseinsform und Lebensweise trage der christliche Glaube und überhaupt jede Religion nichts bei zur Lösung der großen Herausforderungen der Moderne.

In einer ganz von Wissenschaft und Technik geschaffenen Welt werde die Religion notwendig zu einem Randphänomen, zur einer Privatsache in den noch unaufgeklärten Restbeständen aus der mythologischen und vorwissenschaftlichen Betrachtung von Welt und Mensch. Wo diese Weltanschauung zu einem politischen Programm verabsolutiert ist, werden Glaube und Religion

aus der Erziehung der Jugend, dem öffentlichen Diskurs und der geltenden Kultur entweder gewaltsam eliminiert oder sanft entsorgt. Über diese Hypothese lassen sie keine freie Diskussion zu und reagieren auf den christlichen Glauben mit extremer Ignoranz und Intoleranz.
Gewisse „Diplomaten" hingegen, die die Wahrheit dem Kalkül der Macht unterordnen, statt die Macht durch die Wahrheit zu vermenschlichen, wussten es – wie immer – besser und meinten, die Rede des Oberhauptes einer Glaubensgemeinschaft von 1,3 Milliarden Menschen könne sich nicht am akademischen Wahrheitsideal orientieren. Die Rede eines Papstes müsse unter Aufbietung aller diplomatischen Kunstgriffe so lange abgeschliffen werden, bis sie keinen Angriffspunkt mehr biete. Aber Papst und Bischöfe verkündigen die Weisheit und Macht Gottes im Zeichen des Kreuzes Christi, nicht die „Weisheit dieser Welt und der Machthaber dieser Welt" (1 Kor 2,6). Das Evangelium muss verkündet werden, gelegen und ungelegen (vgl. 2 Tim 4,2), sowohl in der Kirche, der Versammlung der Gläubigen, als auch auf dem Areopag, dem Forum der Vernunft (vgl. Apg 17,22-34). Die Regensburger Vorlesung

war daher das rechte Wort zur rechten Zeit und am richtigen Platz.
In Wirklichkeit ist die Universität nach ihren Vorläufer-Institutionen in den Kloster- und Kathedralschulen eine originäre Schöpfung der katholischen Kultur im Hohen Mittelalter. Organisatorisch begründeten die Universitäten als päpstliche Stiftungen die wissenschaftliche Autonomie gegenüber allen wirtschaftlichen und politischen Interessen und wissenschaftsfremden Einflussnahmen. Alle Forschung orientiert sich an der Wahrheit allein. Nur so dient sie dem Menschen und führt zu Gott, der selbst die Wahrheit ist. Wir Regensburger dürfen stolz sein, dass einmal Albert der Große, der *doctor universalis*, die Cathedra des heiligen Wolfgang zierte (1260–1262). Sein noch größerer Schüler, der heilige Thomas von Aquin, fasste die Einheit alles Wissens aus dem Glauben und der Vernunft so zusammen: „In allem Wahren, das wir erkennen, und allem Guten, das wir tun, wird schon implizit die Wahrheit Gottes erkannt und Gottes Güte erfahren" [17].
Die Theologie gehört integral in das Gefüge der Universität, weil sie mit allen Wissenschaften ver-

bunden ist durch die Vernunft als Prinzip und Kriterium ihrer Erkenntnisse.
Deshalb war es ein geistesgeschichtlicher Kairos, dass ein Gelehrter von Weltruf auf dem Lehrstuhl des Papstes noch einmal auf den Lehrstuhl des Universitätsprofessors zurückkehrte. In seinem wissenschaftlichen Werdegang und in seiner kirchlichen Mission vereinigen sich in außerordentlicher Weise die Ansprüche des Glaubensdenkens und der wissenschaftlich geformten Vernunft, die die ersten Prinzipien des Seins und des Denkens zu ergründen sucht. Das Verhältnis von Glauben und Vernunft hat in der europäischen Geistesgeschichte gewiss auch seine dramatischen Momente gehabt, die von der Synthese über ein dialektisches Verhältnis bis zum ausschließenden Gegensatz reichen. Die Enzyklika *Fides et ratio* (1998) von Johannes Paul II. widmete sich diesem spannendsten Thema der abendländischen Geistesgeschichte. Der Gelehrte auf der Cathedra Petri plädierte nicht für eine Rückkehr in die Zeit vor dem Aufkommen der modernen Naturwissenschaften und Technologien. Er betonte aber auch, dass man über die kritische Philosophie Immanuel Kants kritisch

diskutieren muss, die gemäß seinen Grundsätzen die Theologie als Wissenschaft im eigentlichen Sinn ausschloss und ihr nur eine Zuständigkeit im Raum der praktischen und moralischen Vernunft zuwies. Also etwas populärwissenschaftlich formuliert: Es geht nicht um ein Zurück hinter die „Aufklärung", die oft mit Pathos beschworen wird, aber nur wenigen näher bekannt ist. In seiner Regensburger Vorlesung sagt Papst Benedikt: „Nicht Rücknahme, nicht negative Kritik ist gemeint, sondern um die Ausweitung unseres Vernunftbegriffs und -gebrauchs geht es. Denn bei aller Freude über die neuen Möglichkeiten des Menschen sehen wir auch die Bedrohungen, die aus diesen Möglichkeiten aufsteigen, und müssen uns fragen, wie wir ihrer Herr werden können. Wir können es nur, wenn Vernunft und Glaube auf neue Weise zueinanderfinden; wenn wir die selbst verfügte Beschränkung der Vernunft auf das im Experiment Falsifizierbare überwinden und der Vernunft ihre ganze Weite wieder eröffnen. In diesem Sinn gehört die Theologie nicht nur als historische und humanwissenschaftliche Disziplin, sondern als eigentliche Theologie, als die Frage nach der Vernunft des Glaubens an die

Universität und in ihren weiten Dialog der Wissenschaften hinein" [18].

Denn wissenschaftliches Forschen unterscheidet sich vom ziellosen Herumtasten und Vermuten zuerst durch die Methode und allgemein nachprüfbare Kriterien und nicht durch die Materialität oder Immaterialität des Gegenstandes. Gegenstand der Ethik und der Moral zum Beispiel sind nicht materiell verifizierbare Dinge und mathematisch beschreibbare Verhältnisse, sondern das im Gewissen aufleuchtende sittliche Grundgesetz, dass das Gute unbedingt zu tun und das Böse bedingungslos zu meiden ist.

Im Unterschied zu den Natur-, Geschichts-, Gesellschafts- und Kulturwissenschaften hat die Theologie ihr Objekt nicht vor sich, sondern als ihr *Subjekt* über sich [19].

Weil Gott zu uns spricht in seinem Wort, können wir antwortend *zu ihm* sprechen im Gebet und können wir *von ihm* sprechen in einer dialogischen Verkündigung. Die akademische Theologie ist folglich die wissenschaftliche Erhellung der Erkenntnis Gottes im Wort seiner Selbstoffenbarung. Gott bleibt für uns das Geheimnis der Wahrheit und der Liebe über die Grenzen unserer Begriffe hinaus. Das bedeutet aber nicht, dass er vollkommen undurchdringlich ist wie ein Dickicht, ein schwarzes Loch oder das Nichts. Wie erkennen ihn nur anfanghaft „in Spiegel und Gleichnis“ (1Kor 13,12), weil sein Licht unendlich größer ist als unsere endliche Vernunft und damit die Fassungskraft jedes geschaffenen Geistes. Das Geheimnis Gottes scheint uns manchmal dunkel. Unbegreiflich sind seine Wege. Das liegt aber nicht am Mangel des Lichtes von Gott her, sondern an den Grenzen unserer intellektuellen Fassungskraft und an der Schwäche unseres geistigen Urteilsvermögens. Diese Grenzen werden erst in der Anschauung Gottes nach dem Pilgerweg des Glaubens überwunden. Wir können auch nicht direkt in die blendende Sonne schauen und erkennen doch die Welt nur in ihrem Licht, und von ihr her empfangen wir die Wärme als Voraussetzung allen biologischen Lebens. Selbst wenn die Sonne hinter dunklen Wolken sich vor unserem Blick verbirgt, geht von ihr Licht und Leben aus.

Noch vor der Gotteserkenntnis in Jesus Christus und als Voraussetzung dieser Erkenntnis im Glauben haben wir analog eine Erkenntnis Gottes, weil Gott sich uns in den Werken seiner Schöpfung im Sein und Sinn der Dinge offenbart. Im Römerbrief sagt Paulus: „Seit der Erschaffung der Welt wird seine unsichtbare Wirklichkeit an den Werken der Schöpfung mit der Vernunft wahrgenommen, seine ewige Macht und seine Gottheit" (Röm 1,20).

Das gilt auch für die Erkenntnis der natürlichen Sittengesetzes. Sein Grundprinzip ist die unantastbare Würde jedes einzelnen Menschen. Dies widerspricht dem ethischen Relativismus und jedem Versuch, den Menschen zu einem Mittel zum Zweck herabzuwürdigen.

Schon vor der Erkenntnis Gottes in seiner heilsgeschichtlichen Selbstmitteilung im Gottesvolk Israel und der Kirche Christi ist Gott präsent und wirksam im sittlichen Gewissen jedes Menschen. Aus dem vernünftigen Glauben an die Existenz Gottes und der vernunftgemäßen Gottesbeziehung ergibt sich, was Paulus so formuliert: „Wenn die Heiden, die das Gesetz nicht haben, von Natur aus das tun, was im Gesetz gefordert ist, so sind sie, die das Gesetz nicht haben, sich selbst Gesetz. Sie zeigen damit, dass ihnen die Forderung des Gesetzes ins Herz geschrieben ist; ihr

Gewissen legt Zeugnis davon ab, ihre Gedanken klagen sich gegenseitig an und verteidigen sich" (Röm 2,14 f.).

Nur wo der Glaube nicht als entfremdende Projektion oder nützliche Fiktion abgetan wird, sondern in seinem Ursprung und Inhalt im Logos, d. h. der Selbsterkenntnis Gottes in seinem Wort, erfasst wird, kann er auch in einen fruchtbaren Dialog eintreten mit den Wissenschaften, aber auch mit den großen Sinndeutungen des Menschseins in den Philosophien und den Weltreligionen. Denn der Mensch will nicht bloß wissen, wie die Welt aufgebaut ist, wie er durch die Technik seine Lebensbedingungen verbessern kann, sondern noch vielmehr, warum es das Böse in der Welt gibt, das Sinnlose, den Tod, den Hass, der alle Liebe zu verschlingen droht, ob es eine Hoffnung gibt über das kurze und leidverhaftete Erdendasein hinaus oder warum es überhaupt Seiendes gibt und nicht vielmehr nichts, wie es der Naturwissenschaftler, Mathematiker und Philosoph Gottfried Wilhelm Leibniz (1646–1716) formulierte.

Angesichts der sich immer mehr zuspitzenden globalen politischen, wirtschaftlichen und kulturellen Krise, des Terrorismus und der unlösbaren

Konflikte, die die Menschheit an den Rand des Abgrundes treiben, behält der anthropologische Zugang des II. Vatikanums zur Gottesfrage seine Aktualität gegenüber allen Projekten der Selbsterlösung im Glauben an den Fortschritt und die Wissenschaft als Mittel zum irdischen Paradies. Die Grundfragen bleiben und stellen sich in erneuter Schärfe: „Was ist der Mensch? Was ist der Sinn des Schmerzes, des Bösen, des Todes – alles Dinge, die trotz solchen Fortschrittes noch immer weiter bestehen? Wozu diese Siege, wenn sie so teuer erkauft werden mussten? Was kann der Mensch der Gesellschaft geben, was von ihr erwarten? Was kommt nach dem irdischen Leben?" (*Gaudium et spes* 10).

Der Glaube ist vernünftige Gottesbeziehung und nicht eine unter den vielen alten und neuen wissenschaftlichen Thesen zur Erklärung der Materie, ihrer Strukturen und Wirkweisen substanziell: „Die Kirche aber glaubt: Christus, der für alle starb und auferstand, schenkt dem Menschen Licht und Kraft durch seinen Geist, damit er seiner höchsten Berufung nachkommen kann" (*Gaudium et spes* 10).

Die Regensburger Rede kann gelten als „Manifest

des Dialogs der Religionen und Kulturen“ auf der Grundlage der Vernunft.
Davon nicht zu trennen ist die ethische Bewältigung der naturwissenschaftlichen und technologischen Herausforderungen, aber auch die Suche nach einer universalen Gesellschaftsordnung nach den Prinzipien der Menschenwürde und der globalen Solidarität und der weltweiten sozialen Gerechtigkeit. Mit der Enzyklika *Laudato sì* hat Papst Franziskus die Sorge um die Erde als gemeinsames Haus aller zum Hauptthema einer religiös begründeten und wissenschaftlich ausgelegten Umweltethik gemacht. So kann etwa die weltweite Flüchtlingskrise nicht nur technisch-praktisch bewältigt werden ohne ein Minimum an religiös-ethischen Prinzipien. „Wir schaffen das!“
Gewiss – aber nur, wenn wir uns klarmachen, dass wir geschaffen sind, d. h. dass wir uns für das Wohl und Wehe unserer Brüder und Schwestern jetzt im Gewissen und am Jüngsten Tag einmal vor dem Richterstuhl Gottes verantworten müssen. Ohne Gottes Frieden in unseren Herzen können wir die globale Krise nicht meistern. Liebe und Versöhnung, nicht Hass und Vergeltung führen in die Zukunft. Das ist die bleibende

Botschaft der Regensburger Vorlesung von Benedikt XVI.
Wer diese Sternstunde der großen deutschen Universitätstradition erleben durfte und den großen Gedankenbogen nachvollzogen hat, der konnte nur entsetzt sein über die Gewalt gegen Christen seitens fanatisierter Massen, die Tage danach durch böse Polemiken in den Medien ausgelöst worden waren. Ein Halbsatz, ein unverstandener Gedanke wurde aus einem großen Zusammenhang gerissen, in sein Gegenteil verkehrt, um dann mit einer skandalträchtigen Überschrift Wellen von Empörung zu erzeugen. Dass dagegen 138 islamische Gelehrte in einem Offenen Brief an die christlichen Gemeinschaften – ohne die unüberbrückbaren Differenzen im Gottesverständnis und Menschenbild zu verschweigen – das Angebot des notwendigen Dialogs über ein friedliches Zusammenleben von Menschen unterschiedlicher religiöser Überzeugung annahmen, stellt angesichts des jahrhundertelangen konfliktreichen Verhältnisses von Christentum und Islam ein historisches Ereignis ersten Ranges dar.
Das „Gemeinsame Wort zwischen Uns und Euch" vom 13. Oktober 2007 beginnt folgendermaßen:

„Muslime und Christen machen gemeinsam mehr als die Hälfte der Weltbevölkerung aus. Ohne Frieden und Gerechtigkeit zwischen diesen beiden religiösen Gemeinschaften kann es keinen Frieden von Bedeutung auf der Welt geben. Die Zukunft dieser Welt hängt vom Frieden zwischen Muslimen und Christen ab. Die Grundlage für diesen Frieden und dieses Verständnis gibt es bereits. Sie ist Bestandteil der absolut grundlegenden Prinzipien beider Glaubensrichtungen: Liebe zu dem Einen Gott, und die Liebe gegenüber dem Nachbarn."

Die Analogie zum Christlichen ist leicht auszumachen. Dem Wort Jesu nach sind die Gottes- und die Nächstenliebe die Erfüllung und die Zusammenfassung aller Gebote Gottes. Eine begehbare Brücke ist gebaut.

In der Berichterstattung nach den verheerenden Bombenanschlägen und Selbstmord-Anschlägen von Terroristen, die sich als stenggläubige Moslems ausgeben, wird in politischen und medialen Kreisen gedankenlos von „religiöser Gewalt" gesprochen, ohne den inneren Widerspruch in dieser Begriffsverbindung zu bemerken. Was meint in diesem Zusammenhang die Bezeichnung Religion überhaupt?

Religion als Kategorie ist vieldeutig. Das II. Vatikanum definiert Religion im Dekret über die Religionsfreiheit als „pflichtgemäße Gottesverehrung" (*Dignitatis humanae* 1). Religion ist nicht ein von Menschen fiktiv ersonnenes Mittel, ein Placebo zur Kontingenzbewältigung. Der ursprünglichste Gedanke der Vernunft ist das Staunen, dass es mich und die ganze Welt überhaupt gibt. Das Wesentliche der religiösen Erfahrung ist das Gefühl der Dankbarkeit gegenüber dem Schöpfer und das unendliche Vertrauen in seine Vorsehung. Religion ist das Urvertrauen, dass der, der mich ins Dasein gerufen hat, alles auch zu einem guten Ende führt.

Das Verhältnis zu Gott in Lob und Dank wird gestört durch die Sünde, aus der die chaotischen Verhältnisse in der Menschheit resultieren. Hier erhebt sich in der biblischen Tradition des jüdischen und christlichen Glaubens der Blick auf den Schöpfer, der sich uns als Erlöser verheißen hat.

Der kaiserliche Dialogpartner des persischen Gelehrten geht von der biblischen Erkenntnis aus: „Gott ist Geist" (Joh 4,24) und „Gott ist die Liebe" (Joh 4,8). Und darum steht für ihn als Christen unumstößlich, auch selbstkritisch im Blick auf historische Verstrickungen des Christentums in die Machtpolitik fest: „Gott hat kein Gefallen am Blut“, d. h. an destruktiver Gewalt und schon gar nicht an terroristischen, kriminellen Handlungen und brutalen Verbrechen gegen die Menschlichkeit, denn „nicht vernunftgemäß … zu handeln, ist dem Wesen Gottes zuwider“ [20].

In diesem Sinne wendete er sich an seinen Gesprächspartner und fragt ihn, wie der Dschihad im Koran zu verstehen sei. Denn ein Krieg mit all seinen Gräueltaten kann niemals heilig, d. h. gottgefällig sein, weil die Verbreitung des Glaubens nur über die Einsicht und die Freiheit des Menschen geschieht. Darauf müssen die maßgeblichen politischen und religiösen Autoritäten in den islamisch geprägten Kulturen und Staaten eine Antwort finden, wie die sogenannten Schwertverse des Korans mit dem in der Natur des Menschen grundgelegten Recht auf Freiheit im Glauben zu vereinbaren ist. Nicht nur die gewaltsamen Mittel zu Ausbreitung einer Religion oder einer politischen Ideologie müssen abgelehnt werden, sondern auch das Ziel einer religiös-politischen Weltherrschaft. Nicht diejenigen beleidigen Gott, die auf den Selbst-Widerspruch jeder pseudo-religiös sich begründenden Gewalt hinweisen, sondern die sich für ihre Untaten auf Gott berufen.

Man möchte den Wahnsinnigen entgegenschreien: Nicht Gott befiehlt euch, die Ungläubigen, wie ihr sie nennt, oder die Andersgläubigen, wie es gerechterweise heißen muss, zu töten. Es ist die Stimme des Teufels, die ihr in euch hört. Wie kann das heiligste Band der Liebe, das Gott zwischen einer Mutter und ihrem Kind geknüpft hat, mehr beleidigt werden, als wenn man ihr einredet, stolz zu sein auf ihren jugendlichen Sohn, der mit einem Sprenggürtel um seinen Leib sich und andere in Tod und Verderben gerissen hat. Wahre Märtyrer sind mit ihrem Leben und Sterben, ihrem Leiden und ihrer Hingabe für andere Zeugen für Gottes Liebe und Wahrheit geworden.

In der Erklärung über das Verhältnis der Kirche zu den nicht christlichen Religionen *Nostra aetate* (1965) anerkennt das Konzil bei aller Überzeugung von der endgültigen Selbstoffenbarung Gottes in Christus all das, was in den nicht christlichen Religionen „wahr und heilig" ist (*Nostra aetate* 2). Speziell zum Islam heißt es: „Mit Hochachtung betrachtet die Kirche auch die Muslime, die den alleinigen Gott anbeten, den lebendigen und in sich seienden, barmherzigen und allmächtigen, den Schöpfer des Himmels und der Erde, der zu den Menschen gesprochen hat. Sie mühen sich auch, seinen verborgenen Ratschlüssen sich mit ganzer Seele zu unterwerfen, so wie Abraham sich Gott unterworfen hat, auf den der islamische Glaube sich gerne beruft" (*Nostra aetate* 3). Statt die alten Feindschaften neu zu beschwören und aus ihnen neue Untaten gegen die mitmenschliche Brüderlichkeit abzuleiten, gilt es dagegen, „sich aufrichtig um gegenseitiges Verstehen zu bemühen und gemeinsam einzutreten für Schutz und Förderung der sozialen Gerechtigkeit, der sittlichen Güter und nicht zuletzt des Friedens und der Freiheit für alle Menschen" (*Nostra aetate* 3).

In der Weltanschauung des nachchristlichen Säkularismus in Europa und Nordamerika existiert die Utopie eines „Humanismus ohne Gott" (Henri de Lubac). Alle Fragen, die die Religionen nicht lösen konnten, würden nun durch Naturwissenschaft und Technik im Geist der Vernunft und Aufklärung gelöst. Und dann entstehe eine Welt ohne Gewalt und Leid, ein Paradies der Toleranz. Wichtige Vertreter der Aufklärung haben die „Religion“ – und sie meinten damit freilich das Christentum – mit seinem eindeutigen Wahrheitsanspruch für die Quelle des Fanatismus und des Aberglaubens gehalten. Allenfalls ein auf Moral und Kultur beschränktes Christentum ohne dogmatischen Wahrheitsanspruch könne vor der aufgeklärten Vernunft und der modernen Wissenschaft bestehen [21]. Dieses Erklärungsschema findet sich noch heute in der Bewertung des Terrorismus der sogenannten Islamisten. Diese Religion müsse sich in der Kraft aufgeklärter Vernunft vom Gewaltpotenzial befreien, das in der Natur jeder Offenbarungsreligion und des Glaubens an den einen Gott der Wahrheit vorhanden sei. Nur ein konsequenter Relativismus in der Wahrheitsfrage könne die latente Gewaltbereitschaft des Monotheismus im Judentum, im Christentum und im Islam zähmen und in den Griff bekommen.

Der Preis des Relativismus ist allerdings sehr hoch. Er führt unausweichlich in eine Gesinnungsdiktatur. Wenn nicht mehr alle Menschen in der Suche nach der Wahrheit und der Liebe zu ihr miteinander verbunden wären, müsste an die frei gewordene Stelle des Wahrheitsgewissens die Ideologie der totalitären Welterklärung und der Gesellschaftsordnung des Neuen Menschen treten. Aber wie kann die endliche Vernunft eines sterblichen Hegel und Marx, ganz zu schweigen von den kleineren „Welterlösern“ von der Gnosis bis zu New Age, zu absoluten Wahrheiten gelangen, der sich zu unterwerfen sie ihre sterblichen Mitmenschen mit Gehirnwäsche und Gewalt zwingen? Der endliche Verstand des Menschen wird nie Wahrheit und Freiheit gewaltfrei verbinden.

„Nur wo der Geist des Herrn wirkt, da ist Freiheit“ (2 Kor 3,17). Das Gericht über andere müssen wir jetzt und am Jüngsten Tag Gott überlassen, der allein der gerechte Richter ist. Überall, wo Menschen mit ideologischer und politischer Motivation das Weltgericht vorwegnehmen und ein Paradies von Menschenhand bauen wollten, haben sie nur die Büchse der Pandora oder die Pforten der Hölle geöffnet.

Auf jeden Fall kann dem modernen Phänomen des internationalen Terrorismus in seiner politisch-ideologischen oder politisch-pseudoreligiösen Version nicht einfach fortschrittsgläubig mit

Appellen an Vernunft und Toleranz begegnet werden. Längst hat die Vertrauensseligkeit in die alles erlösende Macht der Vernunft und des Fortschritts ihre Unschuld verloren. Die „Dialektik der Aufklärung", die die Vertreter der Kritischen Theorie der Frankfurter Schule Theodor Adorno und Max Horkheimer in ihrem Buch 1944 analysierten, zeigt, dass nur eine über der begrenzten menschlichen Vernunft stehende Instanz die Barbarei der Unmenschlichkeit in den totalitären Systemen des 20. Jahrhunderts bis in die Gegenwart hinein verhindern kann. Es war kein Zufall, dass der Terror als Mittel zur ideologischen Gleichschaltung als Kind der Französischen Revolution geboren wurde. In der Schreckensherrschaft der Jakobiner wurde der Terror gegen Hunderttausende unschuldiger Menschen als Tugend gerechtfertigt und als Herrschaft der Vernunft und des Volkswillens verherrlicht. Verbunden mit der sozialdarwinistischen These vom Recht der Stärkeren als Gesetz allen Lebens ist der Terror als Herrschaftsform eingegangen in die sich wissenschaftlich verstehenden totalitären Systeme, die die größten Verbrechen in der Menschheitsgeschichte zu verantworten haben.

Statt im antichristlichen Affekt den pseudoreligiös sich tarnenden Terrorismus zu benutzen, um im antiquierten Aufklärungspathos die Religion und konkret das Christentum zu diskreditieren, sollten sich alle Menschen guten Willens verständigen auf eine moralische und sozial-ethische Grundlage des Zusammenlebens von Menschen unterschiedlicher religiöser und philosophischer Grundeinstellung. Das kann nur die Anerkennung des natürlichen Sittengesetzes sein und der universellen Menschenrechte, die in der unantastbaren Würde eines jeden einzelnen Menschen gründen. Auch die Staaten mit der Bevölkerungsmehrheit einer bestimmten Glaubensrichtung müssen die Religionsfreiheit der Minderheiten und aller Bürger anerkennen und sich jeder Einmischung in das Wahrheitsgewissen und das sittliche Gewissen der Person und der Glaubensgemeinschaften enthalten. Denn der Staat ist für die Menschen und nicht die Menschen für den Staat da.

Wie die gelehrten Muslime einzelne Suren im Koran, die von Gewalt und Krieg in Glaubens- und Gewissensfragen sprechen, im historischen Kontext auslegen, ist jetzt nicht unser Thema. In einer systematischen Auslegung scheint mir jedoch die erste Sure der hermeneutische Schlüssel für alle folgenden Verse zu sein. Denn „im Namen Gottes, des Sicherbarmenden, des Barmherzigen" (Sure 1), lässt sich kein Verbrechen gegen die Menschlichkeit rechtfertigen. Sowohl die Gotteserkenntnis in der Offenbarung des Koran, wie sie nur für den muslimischen Gläubigen gültig ist, als auch die gemeinsame Erkenntnis des Daseins Gottes und des von Gott in unsere geistige Natur eingeschriebenen Sittengesetzes machen jede Berufung auf Gottes Willen unmöglich, um Männer, Frauen und Kinder zu töten, zu vergewaltigen, zu erniedrigen und ihrer religiösen und bürgerlichen Freiheit zu berauben.

Gewiss sind wir Menschen nicht in der Lage, uns selbst den Frieden zu geben, so wie nur Gott ihn gibt. Aber wir sind aufgerufen zur Mitarbeit an einer Gesellschaft, deren tragender Grund die Würde der menschlichen Person und das Wohl aller in der Gemeinschaft ist. Juden und Christen, Muslime und Menschen anderer Religionen erkennen Gott an als den Herrn und Schöpfer, der uns gemacht hat. Durch nichts mehr wird Gott verherrlicht als durch die Liebe zum Nächsten und durch nichts wird er mehr beleidigt als durch den Hass auf den Bruder. Wahre Religion ist dort, wo die Liebe siegt. Die Liebe ist die wahre Gottesverehrung.

Der Christ bekennt: „Gott ist die Liebe und wer in der Liebe bleibt, bleibt in Gott, und Gott bleibt in ihm" (1 Joh 4,16). Das hat ethische Konsequenzen. „Jeder, der seinen Bruder hasst, ist ein Mörder, und ihr wisst, dass kein Mörder ewiges Leben hat, das in ihm bleibt. Daran haben wir die Liebe erkannt, dass Er sein Leben für uns dahingegeben hat. So müssen auch wir das Leben hingeben für die Brüder. Wenn jemand Vermögen hat und sein Herz vor dem Bruder verschließt, den er in Not sieht, wie kann die Gottesliebe in ihm bleiben?" (1 Joh 3,15 ff.).

Das Wissen um die untrennbare Einheit von Glaube und Vernunft, von Gottes- und Nächstenliebe ist der Kern des christlichen Beitrags zum interkulturellen Dialog und zum Frieden in der Welt. Darauf hingewiesen zu haben ist das bleibende Verdienst der weltbekannten Regensburger Vorlesung, die uns Benedikt XVI. geschenkt hat.

Anmerkungen

[1] Benedikt XVI., Glaube und Vernunft. Die Regensburger Vorlesung. Vollständige Ausgabe, Freiburg i. Br. 2006. Diese genannte Version ist identisch mit der hier abgedruckten.

[2] Von den insgesamt 26 Gesprächsrunden (διάλεξις – Khoury übersetzt „Controverse") des Dialogs („Entretien") hat Th. Khoury die 7. „Controverse" mit Anmerkungen und einer umfassenden Einleitung über die Entstehung des Textes, die handschriftliche Überlieferung und die Struktur des Dialogs sowie kurze Inhaltsangaben über die nicht edierten „Controverses" herausgegeben; dem griechischen Text ist eine französische Übersetzung beigefügt: Manuel II Paléologue, Entretiens avec un Musulman. 7e Controverse. Sources chrétiennes, Nr. 115, Paris 1966. Inzwischen hat Karl Förstel im Corpus Islamico-Christianum (Series Graeca. Schriftleitung A.Th. Khoury – R. Glei) eine kommentierte griechisch-deutsche Textausgabe veröffentlicht: Manuel II. Palaiologus, Dialoge mit einem Muslim. 3 Bde. Würzburg; Altenberge 1993–1996. Bereits 1966 hatte E. Trapp den griechischen Text – mit einer Einleitung versehen – als Band II der Wiener byzantinischen Studien herausgegeben. Ich zitiere im Folgenden nach Khoury.

[3] Vgl. über Entstehung und Aufzeichnung des Dialogs Khoury, S. 22–29; ausführlich äußern sich dazu auch Förstel und Trapp in ihren Editionen.

[4] Controverse VII 2c; bei Khoury, S. 142/143; Förstel, Bd. I, VII. Dialog 1.5, S. 240/241. Dieses Zitat ist in der muslimischen Welt leider als Ausdruck meiner eigenen Position aufgefasst worden und hat so begreiflicherweise Empörung hervorgerufen. Ich hoffe, dass der Leser meines Textes sofort erkennen kann, dass dieser Satz nicht meine eigene Haltung dem Koran

gegenüber ausdrückt, dem gegenüber ich die Ehrfurcht empfinde, die dem heiligen Buch einer großen Religion gebührt. Bei der Zitation des Texts von Kaiser Manuel II. ging es mir einzig darum, auf den wesentlichen Zusammenhang zwischen Glaube und Vernunft hinzuführen. In diesem Punkt stimme ich Manuel zu, ohne mir deshalb seine Polemik zuzueignen.

[5] Controverse VII 3b - c; bei Khoury, S. 144/145; Förstel, Bd. I, VII. Dialog 1.6, S. 240–243.

[6] Einzig um dieses Gedankens willen habe ich den zwischen Manuel und seinem persischen Gesprächspartner geführten Dialog zitiert. Er gibt das Thema der folgenden Überlegungen vor.

[7] Khoury, a.a.O., S. 144, Anm. 1.

[8] R. Arnaldez, Grammaire et théologie chez Ibn Hazm de Cordoue. Paris 1956, S. 13; cf Khoury, S. 144. Dass es in der spätmittelalterlichen Theologie vergleichbare Positionen gibt, wird im weiteren Verlauf dieses Vortrags gezeigt.

[9] Für die viel diskutierte Auslegung der Dornbuschszene darf ich auf meine „Einführung in das Christentum“ (München 1968), S. 84–102 verweisen. Ich denke, dass das dort Gesagte trotz der weitergegangenen Diskussion nach wie vor sachgemäß ist.

[10] Vgl. A. Schenker, L'Ecriture sainte subsiste en plusieurs formes canoniques simultanées, in: L'interpretazione della Bibbia nella Chiesa. Atti del Simposio promosso dalla Congregazione per la Dottrina della Fede. Città del Vaticano 2001, S. 178–186.

[11] Ausführlicher habe ich mich dazu geäußert in meinem Buch „Der Geist der Liturgie. Eine Einführung.“ Freiburg 2000, S. 38–42.

[12] Aus der umfänglichen Literatur zum Thema Enthellenisierung möchte ich besonders nennen A. Grillmeier, Hellenisierung – Judaisierung des Christentums als Deuteprinzipien der Ge-

schichte des kirchlichen Dogmas, in: ders., Mit ihm und in ihm. Christologische Forschungen und Perspektiven. Freiburg 1975, S. 423–488.

[13] Neu herausgegeben und kommentiert von Heino Sonnemans (Hrsg.): Joseph Ratzinger – Benedikt XVI., Der Gott des Glaubens und der Gott der Philosophen. Ein Beitrag zum Problem der theologia naturalis. Johannes-Verlag Leutesdorf, 2. ergänzte Auflage 2005.

[14] 90 c – d. Vgl. zu diesem Text R. Guardini, Der Tod des Sokrates. Mainz – Paderborn 1987[5], S. 218–221.

[15] Vgl. die tief greifende Studie von Matthew Fforde, Entsozialisierung. Die Krise der Postmoderne, Freiburg i. Br. 2016.

[16] Ebd. 30–32.

[17] Thomas von Aquin, De verit. q. 22 a.2.

[18] Ebd. 29 f.

[19] Thomas von Aquin, S. th. I q.1 a.7.

[20] Ebd.16.

[21] Freilich war im 18. Jahrhundert die Erinnerung an die entsetzlichen Bürgerkriege in England, Frankreich und Deutschland, die im Namen der Religion, d. h. der widersprüchlichen Auffassung über Offenbarungswahrheiten in den christlichen Konfessionskirchen in schlimmster Erinnerung. Nicht die Offenbarung, sondern die Vernunft sollte die Basis des Zusammenlebens von Menschen unterschiedlicher Religionen werden. Nur wenn man die Religion zur Privatsache erklärte, meinte man, den öffentlichen Frieden gesichert zu haben.